Disney

ラプンツェルの法則

Rule of Rapunzel

憧れのプリンセスになれる秘訣32

講談社

すべての人間はわかっているはず、
自分は唯一無二の存在だと。
しかもそれは、どんなことがあっても、
二度と繰り返されない奇跡である。

フリードリヒ・ニーチェ

At bottom every man knows well
enough that he is a
unique being,
only once on this earth;

And by no extraordinary chance will
such a marvelously
picturesque piece of
diversity in unity as he is,

Ever be put together
a second time.

はじめに

昔々、森の奥深く、高い塔に、傷を癒やし、人を若返らせることのできる〝魔法の髪〟をもつ少女が住んでいました。

名前は、ラプンツェル。

王女として生まれながら、その魔法の髪ゆえに、ゴーテルという女性にさらわれ、18年間、塔の上で育てられたのです。


ゴーテルは、外は危険だから塔を出てはいけないといいましたが、ラプンツェルは、秘かに外の世界に憧れていました。

毎年自分の誕生日に、遠くの空に浮かぶ灯《あか》りを見ながら、そのふしぎな灯りを間近で見たいという夢を抱くようになったのです。

18歳の誕生日を前に、ラプンツェルは、思いきってゴーテルに夢を打ち明けましたが、ゴーテルは聞き入れてくれません。

でも、ラプンツェルは、あきらめませんでした。

ゴーテルの留守中に、追っ手をかわして塔に逃げこんできたフリンという泥棒を頼りに、勇気を出して、生まれて初めて塔を出たのです。

それはラプンツェルにとって、すばらしい冒険であると同時に、恋を知り、新しい自分を発見する旅でもありました。

フリンの助けで夢を叶えたラプンツェルでしたが、ゴーテルの陰謀で彼に裏切られたと思いこみ、失意のまま塔に帰ります。

けれど、いろいろな体験を通して成長したラプンツェルは、天からの啓示のように真実を悟ったのです。

ラプンツェルは、フリンとともにゴーテルに立ち向かい、魔法の髪を失うかわりに、フリンの愛を得、プリンセスという本当の自分に戻ったのでした。

そう、すべては、憧れと夢をもつことから始まりました……。

ラプンツェル
Rapunzel

名前

「ラプンツェル」は、「野ヂシャ」という野菜。
フランス語では「マーシュ」。

古くからサラダとして食され、原作のグリム童話では、
魔法使いが、庭の野ヂシャと引きかえに手に入れた
赤ん坊に、「ラプンツェル」と名づける。

可憐な青白い小花をたくさんつけ、
花言葉は、「約束を守る」「粘り強い性格」。
まっすぐで正直、決してあきらめないラプンツェル。

色

ドレスの紫は、高貴と神秘の象徴。
紫を身につける人は、感性豊かでアーティスティック。

髪の金色は、太陽の色。
明るく快活な一方で、無邪気で幼いイメージも。

ラプンツェルの金色の髪が、
落ち着きと誠実をあらわす茶色に変化したのは、
人と出会い、恋を知り、自分を知り、
幼さを卒業して、大人の女性になった証。

幸運の鍵　魔法の髪

切っても伸びてくる髪は、
生命力やエネルギー、豊かさの象徴。

傷を癒やし、人を若返らせる
ラプンツェルの髪の魔力は、
人の心を癒やし、豊かにする彼女の魅力そのもの。

髪を切ることは、思いを断ち切ること。
ラプンツェルは、長い髪を失うことで、
前を向き、「過去の自分」に別れを告げる。

友だちや、助けてくれた人

パスカル

時間をもてあますラプンツェルの心の支え。
秘めた本心、心の声、もう一人の自分。
自分の心に正直であれ。

マキシマスと酒場の荒くれ者

最初は敵対していても、ラプンツェルの夢に共感し、
笑顔に癒やされ、強い味方となる。
友だちづくりは笑顔と共感から。
もつべきものは友。

Contents

Chapter 1

ラプンツェルの条件

Chapter 2

ラプンツェルの言葉

Chapter 3 ラプンツェルの恋

Chapter 4 ラプンツェルの生き方

私はたくましい。
I am strong.

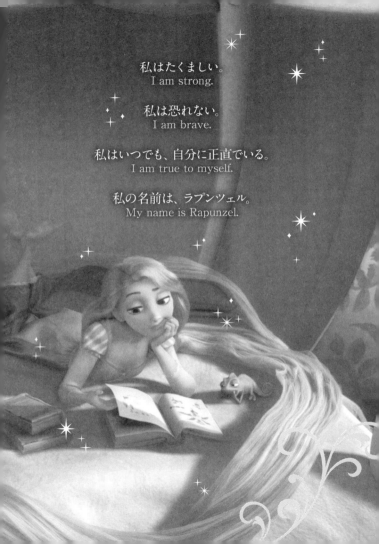

私は恐れない。
I am brave.

私はいつでも、自分に正直でいる。
I am true to myself.

私の名前は、ラプンツェル。
My name is Rapunzel.

ラプンツェルの条件

What makes Rapunzel a princess

笑顔

笑顔は心を明るくする

酒場の荒くれ者たちと一緒に夢を歌いながら。あるいは、念願叶ってやってきた町でダンスを楽しみながら。ラプンツェルは輝くような笑顔で、よろこびや幸せを表現します。

その笑顔を見て、まわりの人たちも自然と笑顔に。人と笑顔を分かちあうよろこび。それは、ゴーテルとの関係しか知らなかったラプンツェルにとって、初めての体験でした。

笑顔を向けると、相手の心は明るくなります。そして、相手が返してくれる笑顔に、自分の心も、さらに明るくなるのです。

一方、「幸せだから笑うのではない。笑うから幸せなのだ」というように、笑顔をつくること自体が、心を明るくするともいわれます。

気持ちが沈んだときや、暗い気分のとき、自分に笑顔を向けてあげられるといいですね。

歌

歌は魔法である

昔々、一粒の太陽の光がしずくとなって地上に落ち、「黄金の花」が生まれました。それは、特別な歌を歌いかけると病気や怪我を癒やし、人を若返らせることのできる魔法の花でした。

黄金の花の力が宿っているラプンツェルの髪は、歌うと光り、魔力を発揮します。

たとえ魔法の髪はなくても、歌に不思議な力があるのはたしかです。人間は、昔から歌の力を知っていて、子守歌、仕事の歌、踊りの歌、祈りの歌、祝いの歌、恋の歌、応援歌など、さまざまな歌を生み出し、思いを託してきました。

歌に感情移入して心を癒やす。大きな声で歌ってストレス解消。みんなで声をあわせて心をひとつにする……私たちも、歌の魔法で元気になりましょう。

涙

涙は奇跡を起こす

作中、ラプンツェルが泣くのは三回。

まず、フリンと一緒に洞窟でおぼれそうになったとき。ラプンツェルは「ぜんぶ私が悪いの」と泣きながら謝り、それが、洞窟脱出のきっかけになりました。

また、ゴーテルの策略でフリンに裏切られたと思いこまされたラプンツェルは、悲しみのあまり心がからっぽになったとき、突如として、自分が天井や壁に描いた絵のなかに、王国を象徴する太陽のモチーフを発見し、悟ります。私は行方不明のプリンセス、と。

そして、ひとしずくの涙が、息絶えたフリンを生き返らせるクライマックス。

最後は文字どおりの〝奇跡〟ですが、前の二つも、泣いたあとに劇的に事態が好転しているのが興味深いですね。

楽しみ

趣味を極める

読書、絵画に始まり、バレエ、陶芸、キャンドルづくりまで。18年間、塔から出たことのないラプンツェルは、自分を楽しませるために、ありとあらゆることを趣味にしてきました。

実際に趣味をもっている人にメリットを聞いてみると、「とにかく楽しい!」「ストレス解消」「仕事と趣味、オンとオフのメリハリがつく」「集中しているあいだは、いやなことも忘れられる」「仕事や年齢のちがう仲間ができて世界が広がった」「頑張って上達したことで自分に自信がもてた」などなど、いいことずくめのようです。

趣味との出会いは、気のあう友だちを見つけるようなもの。ただ、友だちとちがって、自分にあわないと思えば、すぐにやめられます。

趣味がないという人は、気軽な気持ちで、とりあえず、なにか始めてみませんか?

願い

憧れを意志に変える

ラプンツェルには、どんな楽しい趣味よりも、心惹かれてやまないものがありました。

それは、外の世界への憧れ。

幼い頃から毎年、自分の誕生日に遠くの空に浮かぶ無数の灯《あか》りを見るにつけ、自分と関係があるように思えて、いつか、あの灯りを間近で見て正体をたしかめたいという夢を抱くようになったのです。

ラプンツェルは、外界への憧れを、「灯りを見にいく」という意志に変え、勇気を出して塔を出ます。

私たちも、「ああしたい」「こうなりたい」という憧れを、「ああしよう」「こうなろう」という意志に変えて、〝塔〟から足を踏み出しましょう。

怒り

不当な扱いをはねかえす

「二度とあなたに私の髪を利用させせない！」

ゴーテルに18年間だまされつづけたことを知ったラプンツェルは、激しい怒りをぶつけます。

怒りに駆られて我を失うことを戒める格言はたくさんありますが、この場合、だれが見ても、ラプンツェルの怒りは当然です。

でも、もしこれが現実だとしたら、やはり、ひと呼吸おいて冷静に対処するほうがいいかもしれません。気づかないふりをしてゴーテルの裏をかき、再び塔を抜け出して、王と王妃に真実を訴える……。

もちろん、それじゃあ感動のハッピーエンドはないし、そんな策略とは無縁のまっすぐさが、ラプンツェルの魅力なのですが。

怒りは、理不尽なことや不当な扱いを打破する強いエネルギーをもっています。そのエネルギーを上手に使えるといいですね。

強さ

恐れを乗り越える

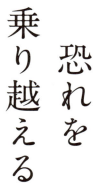

「すべて、初めは危険だ。しかし、とにかく始めなければ始まらない」

といったのは、19世紀ドイツの哲学者ニーチェです。

初めての状況に直面するときは、だれでも、多かれ少なかれ不安になり、恐怖心を抱くものです。

「外の世界は危険で、魔法の髪をねらう悪い人でいっぱい」と、いいきかされて育ったラプンツェルにとって、初めて塔を出るのは、とても恐いことでした。恐れを乗り越える勇気をもたらしたのは、「空に浮かぶ灯《あか》りを見たい！」という強い思い。

ラプンツェルがそうだったように、新しいことや困難に立ち向かうときに感じる恐れは、自分が成長する鍵です。

心からやりたいことがあるなら、その思いをバネに前に進みましょう。恐れを乗り越えるたびに、人は自信という宝物を得ます。

自己肯定

自分の価値は自分で決める

周囲の人、とくに物心つく前から一緒にいた家族の言葉や態度、価値観は、私たちに大きな影響を与えます。繰り返しいわれたり、聞かされたりしたことは、いつのまにか、自分自身の考えであるかのように錯覚してしまうのです。

ゴーテルはラプンツェルに、「外の世界は危険」と教えました。それればかりか、「あなたは世間知らずでかよわく、一人では生きられない」と、自分に対する否定的なイメージを植えつけたのです。

でも、ラプンツェルは、実際に外の世界に行って、それが間違っていたことを証明しました。

周囲の人からいわれたことで、自分を否定するのはやめましょう。

自分がどういう人間で、なにができるのか、なにをしたいのか、決めるのは自分自身です。

笑顔は心を明るくする
歌は魔法である
涙は奇跡を起こす
趣味を極める

憧れを意志に変える
不当な扱いを
はねかえす
恐れを乗り越える
自分の価値は
自分で決める

column 1

ディズニープリンセスの系譜

ここでは、ラプンツェルに至るまでのディズニープリンセスの流れをたどってみましょう。

第一世代：白雪姫、シンデレラ、オーロラ姫

プリンセスや良家の子女でありながら、本来の立場ではない生き方を強いられ、王子と出会って幸せを得る。白雪姫とシンデレラは悪役の継母がいて、家事万能。

第二世代：アリエル、ベル、ジャスミン

決して不幸ではないが現状に満足できず、別世界に憧れている。恋については、積極性や聡明さでリードする傾向

nzel

があり、ベルとジャスミンは、相手の成長を促す。

第三世代：ポカホンタス、ムーラン、ティアナ
自分の生き方は自分で決めたいという強い意志と自由な心の持ち主。ポカホンタスとムーランは、親の期待と、自分の望みとの葛藤《かっとう》を抱えながらも、自分を貫く。

そして、十人目のプリンセスが、ラプンツェル。

こうして見ると、ラプンツェルは、みごとに各世代のプリンセスの特徴を兼ね備えていることがわかります。

クラシカルでありながら現代的。ラプンツェルは、CGから生まれた新世代のプリンセスとして、世代を超えて、女の子や女性たちの心をつかむことになったのです。

ラプンツェルの言葉

Rapunzel's Words

私には夢があった。

Once upon a time, I had a dream.

夜空に輝く、あの光が見たかった。

I wanted to see the brightest light,
shining in the sky.

最初の一歩を踏み出すときが、やってきた。
さあ、私が私でいられる場所に、
いざ動き出そう。

Now it is time for me to act.
Take the first step,
to where I am meant to be.

「外はだめよ。
塔のなかが好きなの」

自分の心の声を
聞く

カメレオンのパスカルの登場シーンで、外に行きたいというパスカルを、ラプンツェルはたしなめます。でも、じつは、外に出たいと望んでいるのはラプンツェル自身なのです。

「塔のなかが好き」と、自分にいいきかせても、外への憧れはつのるばかり。パスカルは、そんなラプンツェルの本心の代弁者です。

頭でわかっていても、心がついていかない――頭で考えることと心で感じることのギャップに悩んだことのある人もいるでしょう。

心理学の世界では、頭と心のパワーバランスは、一対九以上の割合で、圧倒的に心が優位だといわれています。

ラプンツェルが結局、塔を出て幸せをつかんだように、頭より心で納得することが大切。自分が本当は、なにを望んでいるのか、心の声に耳を傾けることが、納得できる人生の第一歩です。

「悪者を閉じこめたのよ、
クローゼットのなかに！」

新しい自分と出会う

人からいわれたことや、自分の思いこみで、〝ダメな自分〟をつくりあげていませんか？

「あなたはかよわいから、外の世界では生きていけない」

そういわれて育ったラプンツェルは、塔への闖入者《ちんにゅうしゃ》をフライパンでうちのめしてクローゼットに閉じこめ、よろこびの声をあげます。

それは、今まで知らなかった自分に出会った瞬間でした。

ラプンツェルのなかに潜んでいた〝新しい自分〟は、ラプンツェルが見つけてくれるのを、まっていたともいえるでしょう。

私たちのなかの〝新しい自分〟もおなじです。

できないと思っていたのにできた。自分にはこんないいところがあった。私ってまんざらでもないかも。そんなプラスの発見を大切にして、〝新しい自分〟を見つけてあげましょう。

「あなたはここへ導かれたのよ。
だからあなたを信じると決めた」

偶然を運命にする

偶然＝なんの因果関係もなく、思いがけないことが起こること
運命＝人知を超えた超自然的な力によるめぐりあわせ
人生は偶然か、運命か。答えは出ませんが、人間の意志や力が及ばない出来事があることはたしかです。
その出来事をどうとらえ、どう生かすかは、自分次第。
ゴーテルから「あなたは一生、ここから出られない！」と断言されたラプンツェルには、このタイミングに、たまたま現れたフリンとの出会いを運命だと思いたいという強い動機がありました。
そして、その〝運命〟を信じて塔を出て、自分の人生を切り拓いたのです。
偶然だろうが運命だろうが、今でしかない、特別な出会いや出来事をチャンスと見抜き、前進する勇気をもちたいですね。

「私は約束を破らない。
なにがあろうと決して」

人と自分を
裏切らない

ラプンツェルはフリンに取引をもちかけ、空に浮かぶ灯《あか》りを見につれていってくれたら、ティアラの入ったかばんを返すと約束します。

そして、ゴーテルに「それを返したら彼は去る」と脅されながらも、不安を乗り越えて約束を守りました。

人の心と心をつなぐのは信頼です。

約束を守り、人を裏切らないことは、信頼ある人間関係の絶対条件。

軽々しく、守れない約束をしてはいけません。

遊びやデートの約束から仕事上の取引や契約まで、人との約束を破れば信頼関係が失われるのはいうまでもありません。

おなじように、忘れてはならないのが、自分との約束です。

自分でやろうと心に決めたことを守らず、自分を裏切りつづけると、自分への信頼（＝自信）が失われてしまいます。

「信じられない、とうとう外に出た！」

最初の一歩を踏み出す

やりたいことや夢はあるけれど、自信がなかったり、今の安定した暮らしを失うことを恐れたりして、最初の一歩が、なかなか踏み出せないという人は案外多いようです。

まさにラプンツェルも、そうでした。

でも、「あなたにはむり」「外は危険で塔にいれば安全」というゴーテルの言葉よりも、自分の気持ちを信じて行動に移しました。

ラプンツェルの行動は、行き当たりばったりのようにも思えますが、最初の一歩を踏み出すには、ああして、こうして……と、あまり計画を立てないほうがいいかもしれません。計画どおりにやろうとすると、計画が狂ったとたんに挫折なんてことになりかねませんからね。

小さな一歩でいいから、とにかくやってみる。小さな行動の積み重ねが、自分をつくります。

「私って最低の人間よ」

「人生最高の日よ！」

迷いと向きあう

最初の一歩を踏み出したものの、ラプンツェルは、〝お母さま〟を裏切ったうしろめたさと、塔を出られたよろこびのあいだで葛藤《かっとう》します。そんなラプンツェルを見て、フリンはいいました。

「大人になる過程だ。健全なことさ」

これは、ラプンツェルをいいくるめて取引を反故《ほご》にしようとの魂胆から出た言葉でしたが、いってることは正解です。

さんざん迷った末に、ラプンツェルが灯《あか》りを見にいくことを選んだように、人は、迷いや葛藤を通して、自分にとって本当に大切なものを見出します。真剣に迷いと向きあい、選択することで、一歩前進できるのです。

学校や会社などを選択するときは、情報収集も大切。選択肢を充分に吟味して、自分の心のささやきに耳をすませましょう。

「ぜんぶ私が悪いの。
本当にごめんなさい」

素直に謝る

泥棒仲間だったスタビントン兄弟と、衛兵に追われ、逃げこんだ洞窟でおぼれそうになって命の危険にさらされたとき、ラプンツェルは、こうなったのは自分のせいだと泣きながら謝ります。

じつは、スタビントン兄弟も衛兵もフリンを追っているのだから、どちらかといえば、フリンのせいなのですが。

そのことがわかっているフリンは、ラプンツェルのまっすぐな素直さに、感じるものがあったのでしょう。だれにもいったことのなかった本名を明かします。

結局、ラプンツェルの光る髪のおかげで出口が見つかりましたが、このことが二人の心の距離を、ぐっと近づけたことはたしかですね。すこしでも自分が悪いと思ったときは、いいわけをする前に、素直に謝るのがいちばんです。

「今日は、私の人生で
いちばん大切な日なの」

誕生日を祝う

国王と王妃は、消えたプリンセスのぶじを祈って、彼女の誕生日に〝灯《あか》り〟をとばしつづけました。それを見て育ったラプンツェルは、いつしか、間近で灯りを見たいという夢を抱くようになりました。ラプンツェルにとって誕生日は、「私はだれ？」と、自分を見つめ、外の世界に思いを馳せる日だったのです。

そして、ついにその夢を叶えた18歳の誕生日は、人生でいちばん大切な記念日になりました。

ある程度の歳になると、「誕生日＝歳をとる」と、とらえがちですが、誕生日という記念日を、自分を見つめ直し、新たな一年を始めるきっかけにしたいものです。

たとえいくつになっても、愛する人や大切な人と誕生日を祝いあい、お互いに感謝しあう特別な日にできたらすてきですね。

自分の心の声を聞く

新しい自分と出会う

偶然を運命にする

人と自分を

裏切らない

最初の一歩を踏み出す

迷いと向きあう

素直に謝る

誕生日を祝う

column 2

ゴーテルの教訓

ゴーテルは、ラプンツェルの誕生以前、黄金の花の魔力で、何百年も若さと美貌を保ちつづけてきました。

それは、秘密を自分独りの胸にしまい、だれにも心を許せない孤独な年月だったと思われます。

そんなゴーテルは、ラプンツェルを娘として育てることで、魔法の髪で若返るだけでなく、心も癒やされ、かつてない穏やかな気持ちで、彼女なりの愛情を注いだにちがいありません。でなければ、ラプンツェルは、あんなに生き生きとしたチャーミングな女性に育たなかったでしょう。

nzel

ただ、それは、ラプンツェルに、いつまでも幸せな気持ちで塔にいてほしいという、自分のエゴにもとづいた愛だったため、ラプンツェルが自立心を抱いたとたん、彼女を失うまいと、狂気を増していくことになりました。

おそらくゴーテルは、無邪気に、一途に自分を慕っている幼いラプンツェルを抱きながら、ちらっと後ろめたさを感じることもあったのではないでしょうか？

でも、彼女は、良心の声よりも、欲望を優先したのです。

私たちがゴーテルから学ぶこと。それは、たとえささいなことでも、後ろめたさを感じたときは良心の声に耳を傾け、人として正しい選択をしよう、ということです。

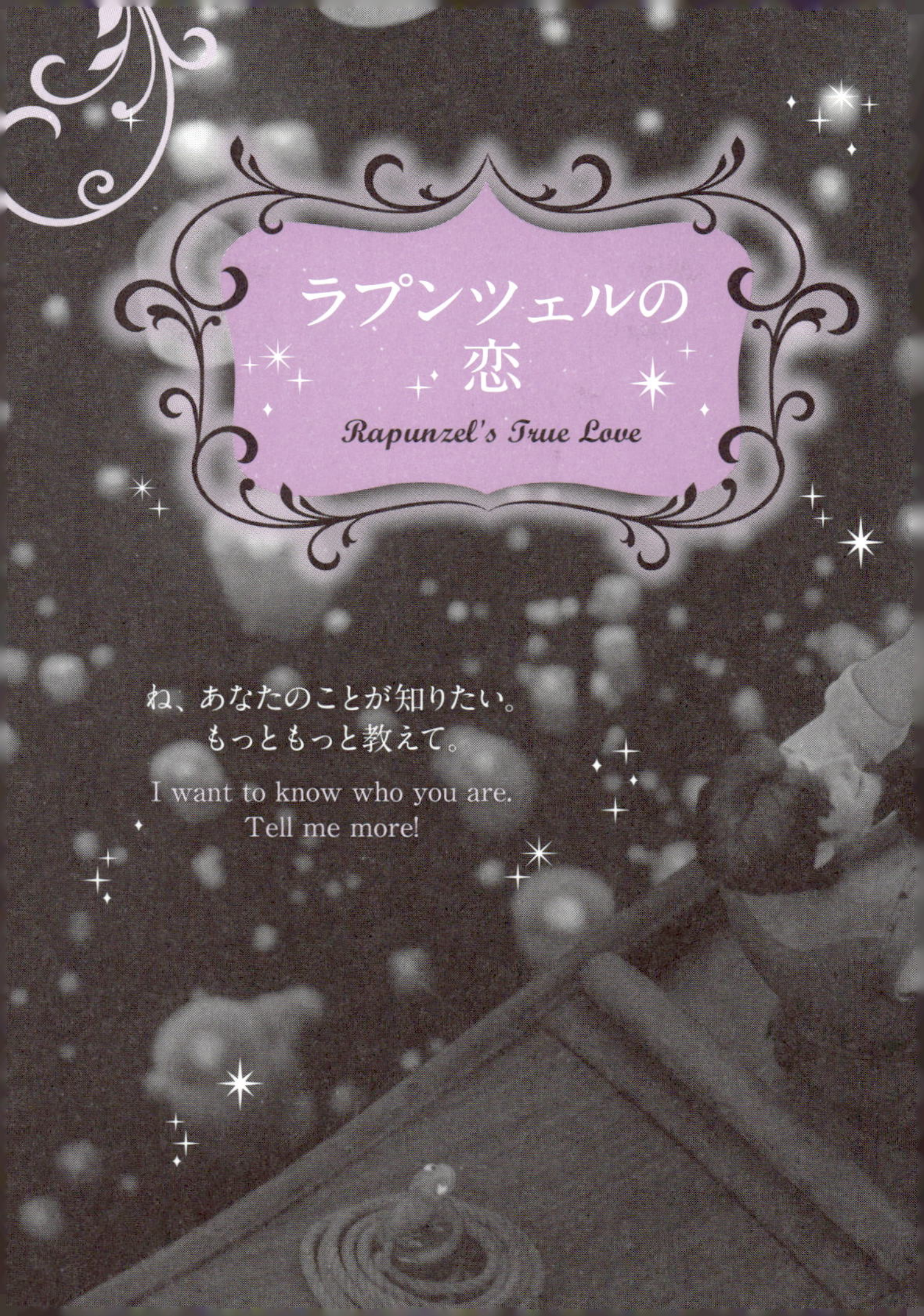

ラプンツェルの恋

Rapunzel's True Love

ね、あなたのことが知りたい。
もっともっと教えて。

I want to know who you are.
Tell me more!

外見に惑わされない

ハンサムなプレイボーイを自認するフリンは、これまでルックスと手練手管で、女の子を手玉にとってきました。それは、上っ面でごまかし、本当の自分は見せないというスタンスでもありました。お得意の〝モテ顔〟がラプンツェルに通じなかったとたん、フリンがあっさり取引に応じたのは、「この子にはごまかしがきかない」と思ったからかもしれません。

外見にごまかされず、相手の本質を見極める目を養いましょう。

一方、恋愛や結婚において、〝好きな顔〟というのは大事な要素です。表面的なハンサムや美人は飽きてしまっても、内面が反映された〝好きな顔〟は、毎日でも見たいものですから。

そして、それ以上に毎日見るのが、自分の顔。顔は自分の人生を映し出します。自分の顔こそ、好きになりたいですね。

彼に頼る

18年間、外界を知らずに育ったラプンツェルが頼れるのは、〝お母さま〟のゴーテルだけでした。

そのゴーテルへの不信感が決定的になったとき、目の前にいたのが、フリン。自分一人では、遠くの灯《あか》りを見にいくことはむりだとわかっていたラプンツェルは、フリンに頼るしかなかったのです。

自分にできないことを認め、相手を信じて頼ることで、人間関係が深まります。ぎゃくを考えても、頼りにされ、手助けして、「ありがとう！」と感謝されれば、うれしいですよね。

ただし、頼りにすることと、自分ではなんの努力もせず、一方的に依存したり甘えたりすることとはちがいます。まして、相手の好意につけこんで利用するなんて、もってのほか。

恋人でも友人でも、安心して頼り頼られる関係を築きたいものです。

秘密を打ち明ける

「頼る」と同様、「秘密を打ち明ける」のも信頼の証です。

ラプンツェルは、洞窟からぶじに脱出したあと、フリンの怪我を癒やすため、自ら魔法の髪の力を使って、秘密を打ち明けます。

最初は仰天したフリンでしたが、ラプンツェルが心を開き、素直に自分をさらけだしたことで、彼も、ずっと封印してきた子ども時代の打ち明け話をすることになりました。

相手に心を開いてほしければ、自分から心を開くことが大切です。

とはいえ、まだそれほど親しくない相手に、「私のすべてを知って！」とばかりに秘密を打ち明けるのは賢明ではありません。秘密が重大なら重大なほど、相手は重荷に感じて引いてしまうでしょう。

秘密の内容も、打ち明けるタイミングも、相手との心の距離次第ということですね。

相手の弱さを受け入れる

それまで自信満々に見えたフリンは、ラプンツェルに、憧れの英雄フリナガン・ライダーの話をして、貧しく無力な孤児だった頃の素顔を垣間見《かいまみ》せます。

そんなフリンにとって、「私は、フリン・ライダーよりユージーン・フィッツハーバートのほうが好きよ」というラプンツェルの言葉は、なによりもうれしいものだったにちがいありません。

完璧な人間はいないとわかっていても、好きな人は自分の思ったとおりの人であってほしい、と思ってしまいがちです。

でも、18〜19世紀に活躍したドイツの文豪ゲーテが「愛する人の欠点を愛することのできない者は、真に愛しているとはいえない」といったように、相手の欠点や弱さを愛おしいと思えたときに初めて、「この人を愛している」と実感できるのかもしれません。

いいほうに解釈する

内緒で塔を出たラプンツェルを迎えにきて、フリンのことを「指名手配のこそ泥」と非難するゴーテルに、ラプンツェルはいいます。

「たぶん、彼は、私が好きなの」

ゴーテルは鼻で笑いますが、恋愛において、いいほうに解釈するポジティブ思考は、とても有効です。

もちろん、「彼は私が好き」と思うだけで両思いになれるわけではありません。でも、「彼が私なんか好きになってくれるはずがない」と、遠くから見ているかぎり進展がないのはたしかです。

恋愛は、実際の体験です。相手の反応も、それに対する自分の感情も、空想の世界の疑似恋愛とはちがいます。

なにもしないで悩むより、ポジティブに考えて体験してみませんか？　どんな結果になっても、必ずつぎの体験に生きるはずです。

彼を信じる

フリンは、ラプンツェルが舟の上で返したティアラ入りのかばんを手に、「すぐもどる」といいのこして、スタビントン兄弟のもとへ。ラプンツェルと出会って、本当に大切なものに気づいたフリンには、もはやティアラは重要でなく、スタビントン兄弟にくれてやるつもりでしたが、ラプンツェルが不安を感じたのは当然です。

でも、ラプンツェルは、「どこへ行くの？」とか「きっと帰ってきてね」とか一切いわず、「わかった」と、彼を行かせました。人から信用されることのなかった泥棒のフリンは、彼女の信頼を痛いほど感じ、なにがあっても、その信頼に応えようと思ったことでしょう。

だれかから信頼されたいと思ったら、まず自分から相手を信じ、行動で示すことです。信頼、誠意、愛情……人は、人生において、自分が与えたものを受けとります。

相手を癒やす

スタビントン兄弟を出し抜いてティアラを独り占めしたように、フリンはこれまで、食うか食われるかのあくどい世界で、うまく立ちまわり、生きのびてきました。ところが図らずも、世間知らずで、まっすぐに夢を追いかけるラプンツェルと行動をともにすることで、自分を見つめ直し、生きる意味を見出すことになります。

ラプンツェルは、魔法の髪でフリンの手のひらの傷を癒やしただけでなく、純粋に、ありのままのユージーン・フィッツハーバートを認めることで、彼の心をも癒やしたのです。

最近は、「癒やし系女子」などという言葉をよく耳にしますが、本当の癒やしとは、一時的にほっとするとか、なごむというだけでなく、その人の自己肯定感を高め、生きる力を与えるものなのかもしれません。

そんなふうに相手を癒やせたら、すばらしいですね。

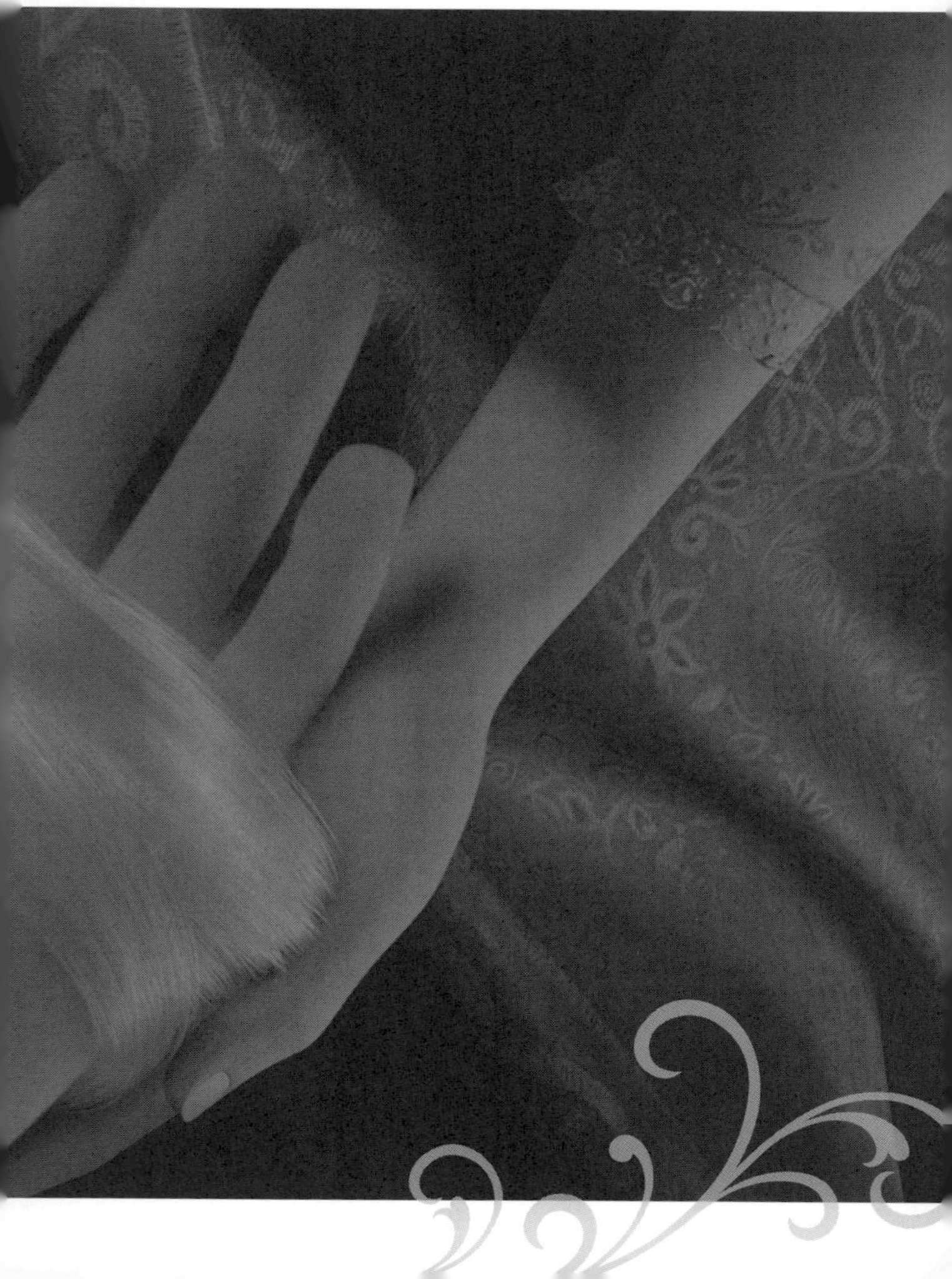

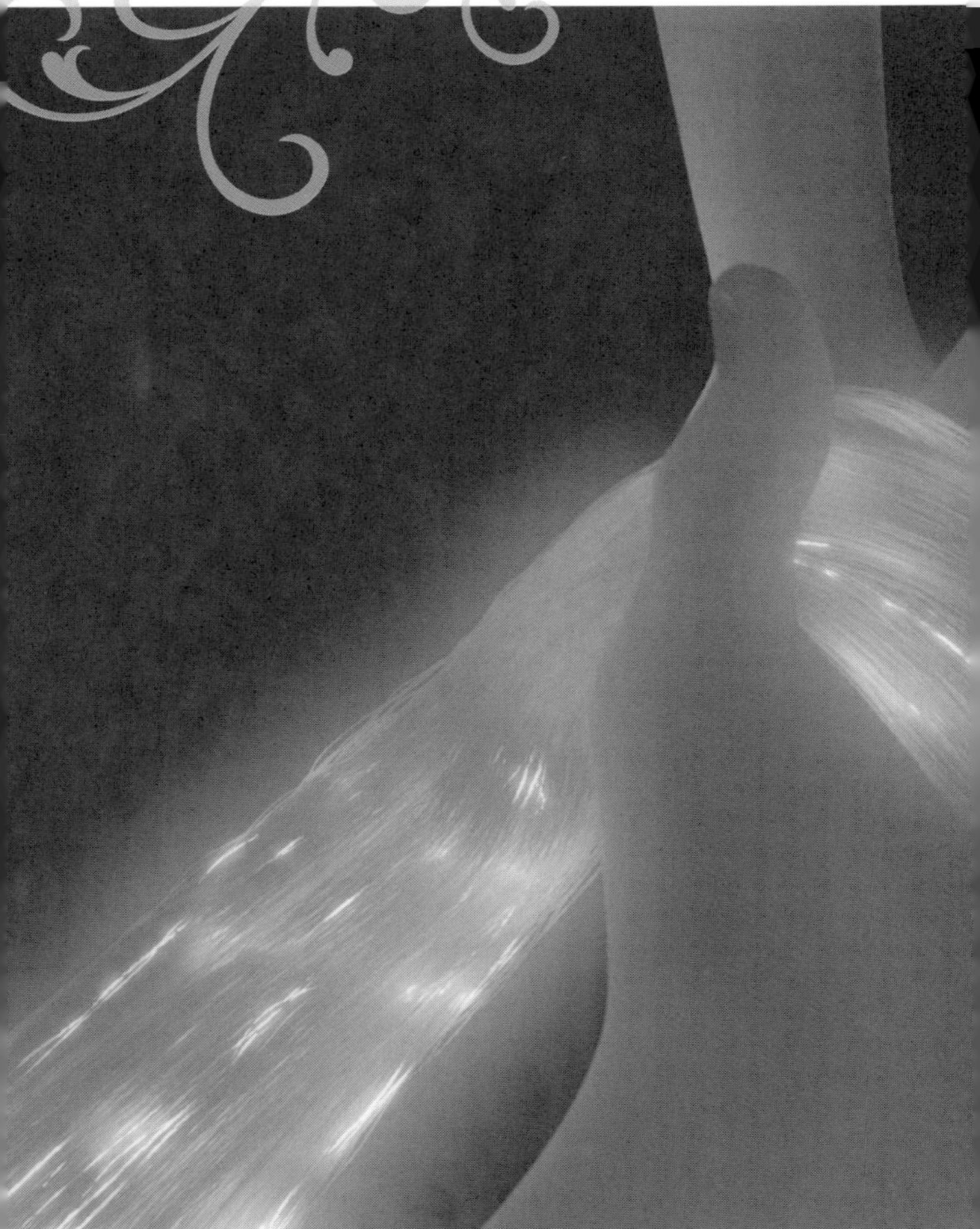

相手の幸せを優先する

真実を知り、決してゴーテルを許さないと思ったラプンツェルでしたが、フリンがゴーテルに刺されたとき、彼を助けさせてくれたら、二度と逃げないし、あなたに従うと誓います。

そしてフリンは、ゴーテルからラプンツェルを解放するため、自分の命と引きかえに彼女の髪を切りました。

お互い自分よりも相手のためを思っての行動だったからこそ、私たちは、奇跡のハッピーエンドに酔うことができるのです。

してはいけないのは、「あなたをこんなにも愛してる、だから、わかって」と、見返りや感謝を求める自己犠牲。それは、相手のためではなく、自分のためです。

相手が幸せでなければ、自分の幸せはありえない。そう思ったとき、人は、自分を犠牲にしてでも相手の幸せを優先します。

外見に
惑わされない
彼に頼る
秘密を打ち明ける
相手の
弱さを受け入れる

いいほうに解釈する

彼を信じる

相手を癒やす

相手の幸せを優先する

column 3

原作とフリン・ライダー

『塔の上のラプンツェル』の原作は、グリム童話。高い塔に閉じこめられた長い髪の美しい乙女――魅力的なモチーフです。

原作と映画とのちがいは、まず、身分の逆転。原作のラプンツェルは、魔法使いのおばあさんに育てられた農民の娘で、彼女に会うため塔を登ってくるのは王子です。

そして、原作では、ラプンツェルは、王子との密会がばれて魔法使いに髪を切られ、塔を追い出されますが、ディズニーのラプンツェルは魔法の髪をもち、誕生日に空に浮

nzel

かぶ灯《あか》りを見たいという夢を叶えるため、自らの意志で塔を出ます。

原作の王子に対し、フリンは、おたずね者の泥棒。たくましく生きているアウトローで〝逆玉〟という点では、アラジンの流れを汲み、ハンサムを鼻にかけたプレイボーイがヒロインに出会って改心するという点は、『プリンセスと魔法のキス』のナヴィーン王子と共通しています。

それにしても、もと泥棒というのに、臆することもなく、自分からプリンセスのラプンツェルにプロポーズ。この悪びれない大物ぶり、きっと、ユニークな〝プリンス〟になることでしょう。

ここから離れて、
Let's go outside

憧れの光を見つけよう。
to see the light
that you've always longed for.

人生という名の冒険は、
これからも続くのだ。
Life is an adventure.
And the adventure goes on.

ラプンツェルの生き方

Life of Rapunzel

体を動かす

適度な運動が体のためにいいのは、もちろんのこと、ストレス解消、やる気アップ、脳の活性化など、精神的な効果も証明されています。ラプンツェルは、18年間、塔から一歩も出たことがありませんでしたが、規則正しい生活と毎日の運動のおかげで、健康な体と心を育みました。バレエ、ストレッチ、髪の毛を使ったクライミング……。そもそも21メートルの髪の毛をひきずって歩くだけでも、かなりの体力が必要です。

運動は苦手とか嫌いとかいう人もいますが、運動といってもさまざま。走るのはダメでも球技はＯＫという人もいれば、人と競うのは嫌いだからマイペースでヨガを楽しんでいるという人もいます。うまい、へたにこだわらず、自分に向いている運動を見つけて楽しむことで、体と心のメンテナンスができるといいですね。

自分を守る

二章で、パスカルはラプンツェルの秘めた本心の代弁者といいました。ラプンツェルがこれまで、ゴーテルを〝お母さま〟と慕いながらも、彼女にパスカルの存在を隠してきたのは、むやみに本心を明かしてはいけないと、本能的に感じていたのでしょう。

ラプンツェルは裏表のない正直な人間ですが、唯一の例外は、「誕生日プレゼントに白い絵の具がほしい」とうそをついて、ゴーテルを買いにいかせたこと。正直に「灯《あか》りを見にいきたい」とお願いしたとき、「あなたは一生、ここから出られない！」とさけんだゴーテルの、あまりの剣幕に、このままでは一生夢は叶わないと悟ったのです。

うそはよくないけれど、「うそも方便」というように、悪意をもって邪魔をしてくる人には、正直に対応するより、自分の身を守ることを考えたほうがよさそうです。

新鮮な気持ちを なくさない

塔を出たラプンツェルは、初めての草と土の香りや感触に大感激。その後も、初めての体験を、新鮮な驚きと感動をもって受けとめていきます。

「初心忘るべからず」という言葉があるように、人は慣れることで、最初の感動や新鮮な気持ちを忘れがちです。

たとえば、なにかをしてもらって最初は感謝していたのに、それが当たり前になると、してくれないことが不満になったり。最初は緊張して、ていねいにやっていたことも、慣れてくると、ついおざなりになったり。

仕事や家事など、毎日おなじことをしているように思えても、今この瞬間は一回かぎり。毎日とはいかなくても、たまには最初の頃の緊張感や新鮮な気持ちを思い出したいものです。

「あなたのため」にご用心

ゴーテルは、ラプンツェルを塔から出さないのは「あなたを守るため」といいつづけました。

ゴーテルがそうだったように、「あなたのため」という言葉には、善意を装って相手をコントロールしたいという気持ちが潜んでいることが多々あります。たとえ親が、愛する子どもにいうときでさえ、じつは「私のために、こうしてほしい」「私の望みどおりの子でいてほしい」という意味だったりします。

「あなたのためにいうけど」という前置きつきで、人から忠告やアドバイスを受けたときは、一応耳を傾け、内容をよく考えたうえで「ちがう」と思えば、スルーしてもいいかもしれません。

だって、本当に相手のためを思って応援しているときは、「あなたのためにいうけど、頑張ってね！」なんていいませんから。

友だちをつくる

ラプンツェルは、友だちや味方をふやす名人です。最初は、フリン、それから、酒場の荒くれ者たち。そしてマキシマス。

たとえば、酒場のシーン。

「あなたたちは、夢をもったことがないの⁉」

これは、強面《こわもて》の男たちにつかまりそうになったフリンを助けようと、せっぱつまって口にした言葉でしたが、彼らが夢を語り出すと、恐怖も忘れて興味津々。一緒に歌い、たちまちうちとけてしまいました。

ラプンツェルの友だちづくりのこつは、相手に対する興味と共感。

フリンの打ち明け話のときもそうでしたが、ラプンツェルは、自分から心を開くだけでなく、聞き上手でもあるのです。

相手がどんな人か興味をもち、話を聞いて気持ちを受けとめることができる、そんな人のまわりには、自然に人が集まってくるでしょう。

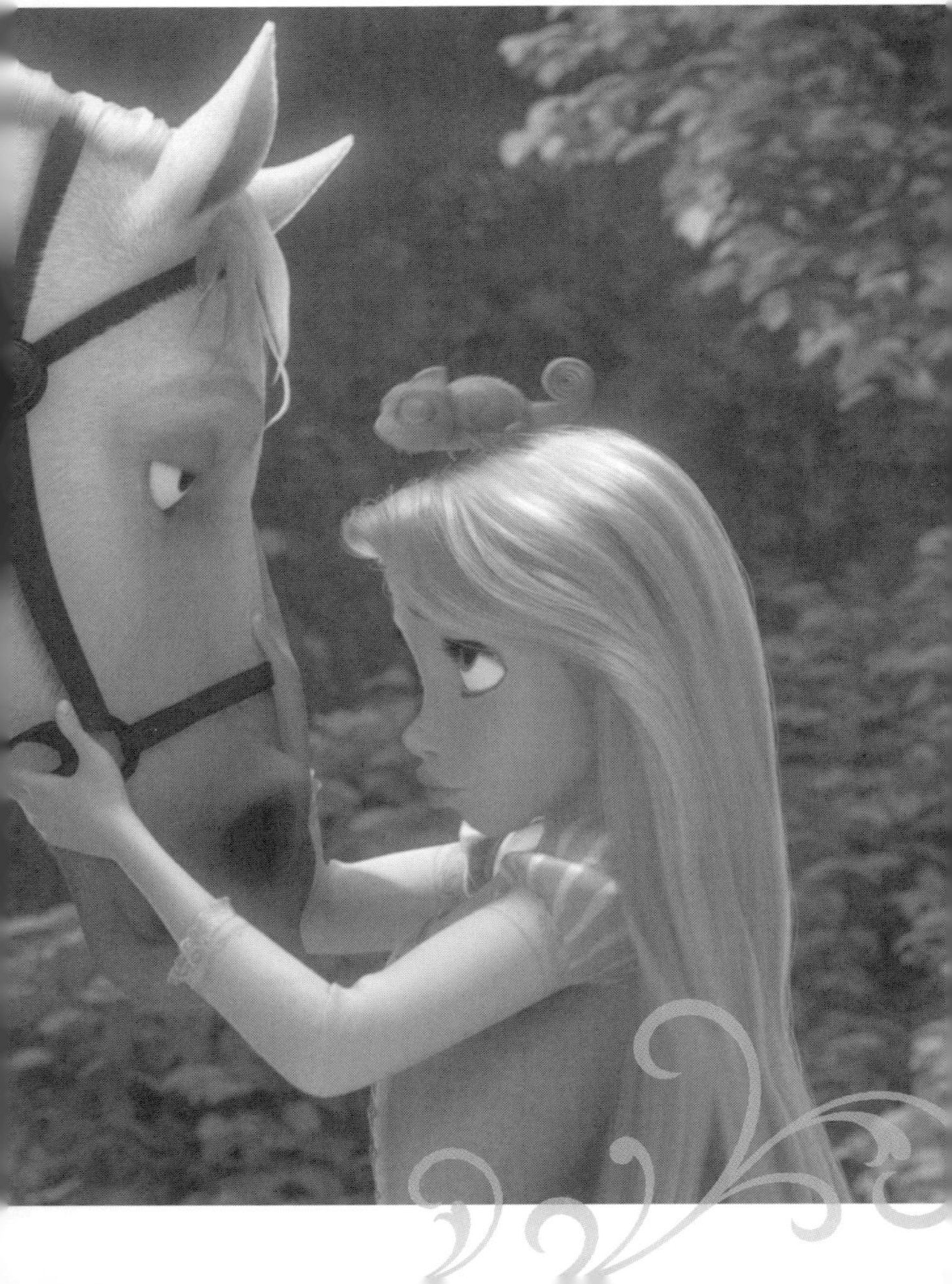

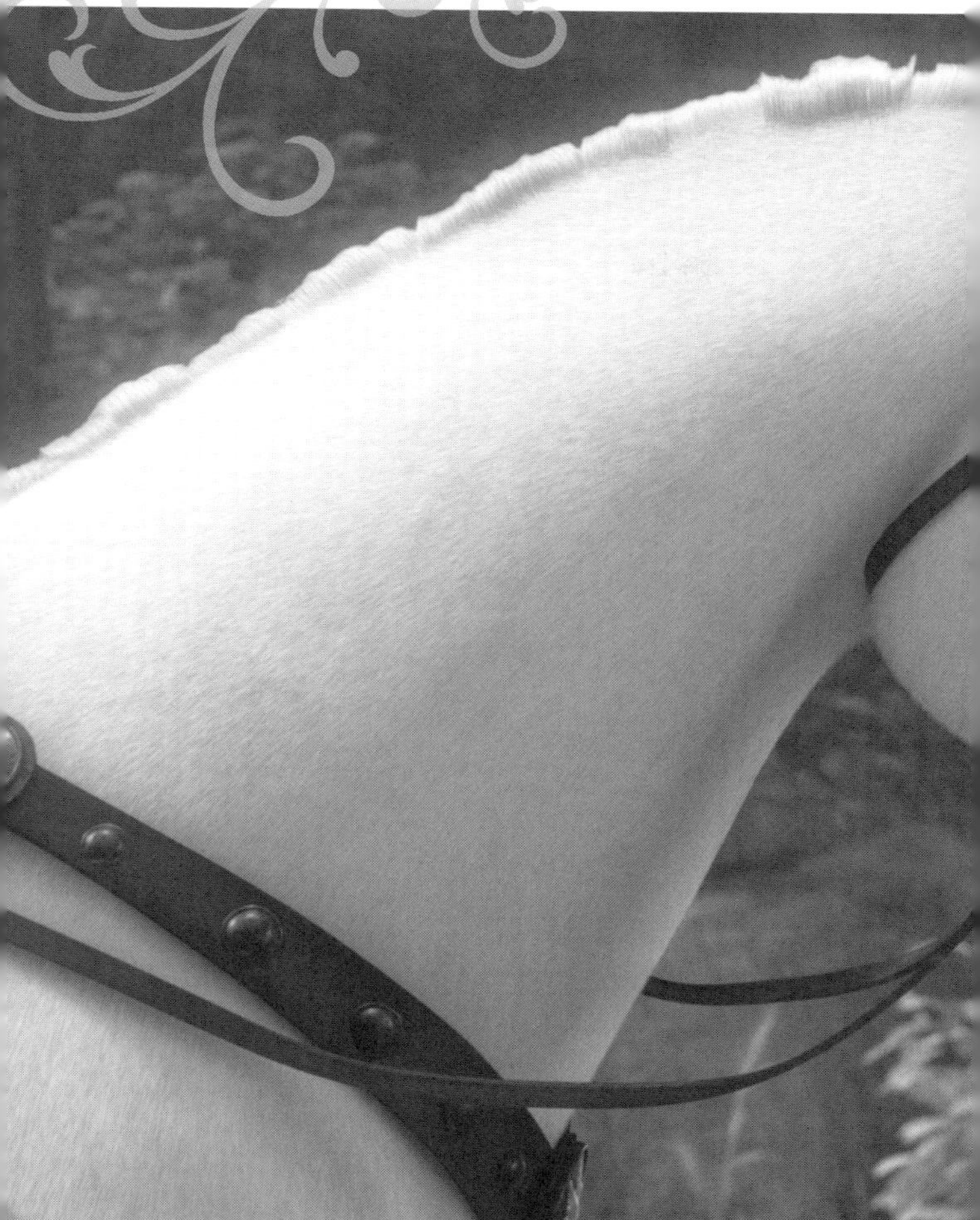

心地いい環境に甘んじない

塔の中しか知らないラプンツェルは、毎日おなじことの繰り返しに飽き足らなさを感じていました。と同時に、すみずみまで知りつくし、それなりの楽しみも用意されている塔の中は、なんの心配もなくすごせる居心地のいい場所でもあったのです。

それは、たとえば、もの足りないけれど、そこそこの安定が約束された人生におきかえられるかもしれません。

そこに安住していれば、失敗も挫折もないでしょう。でも、それは、今以上の自分にはなれないということです。

高みからの景色は、そこに向かって努力し、たどりついた人にしか見えません。ラプンツェルが思いきってパスカル（＝本心）とともに塔を出て、本当の自分を発見したように、リスクを冒してたどりついた場所は、さらに心地いいにちがいありません。

手放すことで
なにかを得る

ラプンツェルは、フリンと実の両親の愛を得たかわりに、魔法の髪を失いました。

人はみんな、なにかを手放すことでなにかを得ています。安定した収入を手放して生きがいのある仕事を得ている人もいれば、人から嫌われるという恐れを手放して自分らしさを得ている人もいます。

極端にいえば、ある生き方を選ぶことは、ほかの生き方を手放すことだし、苦労して得た地位や財産も、それを手放さないことが人生の目的になってしまったら意味がありません。

過去の出来事に対する後悔、わずらわしいだけの人間関係、まだ起きていないことへの恐れ、だれかへの恨み……。とりあえず手放したほうがいいと思われるものを、なにかひとつ、手放してみませんか？きっと新しいなにかが得られますよ。

成長を実感する

塔に連れもどそうとするゴーテルに、ラプンツェルは、「いやよ!」と、初めて正面切って反抗しました。

フリンや酒場の男たちとの出会い、衛兵からの逃走、ラプンツェルが「多くを学んだ有意義な旅」といったとおり、新たな経験を積んだラプンツェルは、もう、もとの彼女ではなかったのです。

フリンに裏切られたと思い、一時はうちのめされても、真実に気づくことができたのは、冒険を通して、自分は〝お母さま〟のいうような無力な人間ではない、と、成長を実感できたからでした。

人は、勇気をもって経験を積むことで成長します。

アイルランドの詩人ウィリアム・バトラー・イェイツは、こういいました。「幸せとは、成長のことである。人間は成長しているときこそ、幸せなのだ」

体を動かす

自分を守る

新鮮な気持ち

をなくさない

「あなたのため」

にご用心

友だちをつくる
心地いい環境に
甘んじない

手放すこと
でなにかを得る

成長を実感する

column 4

ラプンツェルの励まし

『塔の上のラプンツェル』は、夢を叶える物語です。

とはいえ、多くの人の心をとらえたのは、夢の実現そのものよりも、「夢に向かって最初の一歩を踏み出す勇気」や、「思いきって行動を起こすことで得られる達成感」なのではないでしょうか。

ラプンツェルは夢を叶えましたが、現実には、夢が叶わないこともあります。

たとえば、スポーツや音楽など、大好きなことがあって一生懸命努力しても、だれもがプロの選手やアーティスト

nzel

になれるわけではありません。まして、世界的に有名になれるのは、ほんの一握りの人たちです。

でも、おなじ夢をあきらめるにしても、やらずに後悔するのと、やるだけやって納得するのとでは大ちがい。

結果がどうであろうと、「これでよかった」と、自分を肯定できるのは、果敢に挑戦し、思いきりやりきった人の特権です。

「夢に向かって」だけではありません。

困難を乗り越えるため、現状を打破するため、自分の人生を自分でつくるため……新たな扉を開けたいすべての人を、ラプンツェルは励ましてくれます。

おわりに

ラプンツェルは、魔法の髪こそもっていましたが、「あなたは無力で、かよわい」と、〝お母さま〟のゴーテルにいわれつづけたため、自分に自信をもてない、ごくふつうの女の子でした。

でも、外の世界への強い憧れを抱きつづけ、ついに夢を叶えるため、思いきって行動に出たのです。

もし、ラプンツェルが現代に生まれたら、どんな女性になっただろう、と、思ったことはありませんか?

明るい性格の彼女のことですから、きっと、友だちや仲間に囲まれ、楽しくすごしているでしょう。

好奇心が強く、芸術的な才能にも恵まれているので、画家やデザイナーなどを目指し、大きなギャラリーでの個展や、パリのファッションショーでのデビューなどを夢みているかもしれません。

そんなとき打ち勝たなければいけない〝敵〟は、ゴーテルに象徴される、本来自分がもっている力を信じられないようにしてしまう「自己否定の呪い」です。

安全な塔のなかで生涯を終えるという選択肢もありました。しかし、勇気をふりしぼり、最初の一歩を踏み出したラプンツェルが見つけたのは、「本来あるべき自分」という、かけがえのない宝物でした。

それだけではありません。生涯をともにする、フリンというパートナーにも出会えました。

さあ、ラプンツェルの法則を実践して、まずは、新しい世界へと足を踏み出してみましょう。

あなたの心の夜空に輝く、いちばんの光を目指して。

DISNEY ラプンツェルの法則《ほうそく》
Rule《ルール》 of《オブ》 Rapunzel《ラプンツェル》
憧《あこが》れのプリンセスになれる秘訣《ひけつ》32

2016年　6月23日　第1刷発行
2025年　6月2日　第13刷発行

編……………………講談社
著……………………ウィザード・ノリリー　Wizard Norilee
装丁…………………吉田優子（Well Planning）
発行者………………安永尚人
発行所………………株式会社講談社
〒112-8001　東京都文京区音羽2-12-21
電話…………………編集　03-5395-3142
販売　03-5395-3625
業務　03-5395-3615
印刷所………………共同印刷株式会社
製本所………………株式会社国宝社

N.D.C.726 143p 15cm　ISBN978-4-06-220090-5　Printed in Japan

KODANSHA